Käte Micka □ Spuren des Lebens

Käte Micka

SPUREN DES LEBENS

Gedichte

Buchgestaltung: Nüsse Design, Hamburg
Herstellung: Books on Demand GmbH
ISBN 3-8311-3165-1

UNSERE WELT

Ein Blütenkranz
Und ein Meer
Aller geweinten Tränen
Möge sich
Wie ein schützender Mantel
Um unsere Welt legen
Damit ihr
Kein Leid geschieht

DAS KAM MIR
SO IN DEN SINN

Wenn wir vergessen
Uns weiter zu entwickeln
Wenn wir vergessen
Unsere Herzen zu öffnen
Wenn wir vergessen
Daß wir nicht
Allein auf der Welt sind

Dann werden auch wir
Eines Tages
In Vergessenheit geraten

PROBIERE ES EINMAL

Im Tal der Ruhe
Fliegen deine Gedanken
Wie Schmetterlinge
In die Welt der Phantasie
Du spürst den Frieden
In deiner Brust
Alles bekommt
Eine Leichtigkeit
Bleibe da
Schaue nicht auf die Zeit

FÜR IMMER

Zarte Rosenblätter
Wirbelt der Wind
Durch meinen Garten
Ihr süßer lieblicher Duft
Erinnert mich an dich
Ihre rosa Farbe
An deinen Mund
Ich breite
Meine Arme aus
Und fange dich auf
Ich halte dich fest
Für immer

NUTZE DIE CHANCE

Der Mensch
Ist das Werkzeug
Seiner Gedanken
Oft kommen sie
Wie ein ungebetener Gast
Sie verabschieden sich
Oft erst
Spät in der Nacht
Doch
Wir können sie
In die richtigen Bahnen lenken
Eine große Freiheit
Diese Chance
Sollten wir nicht verschenken

DAS GRÖßTE GEHEIMNIS

Der Ursprung des Menschen
Ist das größte Geheimnis
Wir sollten
Jedem Menschen
Mit Ehrfurcht entgegen treten
Denn jeder Mensch
Ist die größte Schöpfung
Des Lebens

DAS TUT GUT

Geborgen
Im Schoße des Glücks
Umfangen
Von den Armen der Liebe
So kann es
Für immer bleiben
Auf seidenen Decken gebettet
Wie in einer Wiege

DIE FREUDE HAT
IHREN WERT

Gib acht
Daß man dir nicht
Mit großen Händen
Deine Freude
An kleinen Dingen nimmt
Denn die Freude
Hat ihren Wert
Sie läßt
Dein Gesicht strahlen

DER HÖCHSTE BERG IST DAS LEBEN

Besteige
Den Berg deines Lebens
Leichten Fußes
Gelegentlich
Wirst du auch stolpern
Auf dem höchsten Berg
Blicke gelassen ins Tal

DER NEUE TAG

Jeder Tag
Trägt
Ein neues Gesicht
Ein wenig Schatten
Und ganz viel Licht
Umarme den Morgen
Geh'
Auf der Straße der Hoffnung
Scherze mit deinen Sorgen
Der Tag
Bleibt lange jung

Über den Wolken
Scheint
Immer die Sonne
Ist auch
Der Himmel so grau
Man sieht auch
In dem Schatten
Der Sorgen
Noch die Farbe blau

ÜBERLEGUNGEN

Kleinigkeiten
Erfreuen uns mehr
Als große Geschenke
Diese machen uns
Nur nachdenklich

Lauf weg
Doch die Zeit
Holt dich ein
Um dir
Von der Vergangenheit
Zu erzählen

Wenn der Himmel
Uns ein Zeichen gibt
Sollten wir aufwachen
Und uns
Auf den Weg machen

DAS BRAUCHEN WIR

Zuhause
Legen wir
Alle Zwänge ab
Wir entblößen
Körper und Seele
Entfernen den Staub
Und
Bügeln alle Zweifel glatt

IM HÄUSERMEER

Viele Menschen
In der Stadt
Sind gefangen
In hohen Mauern
Manche
Haben es fast vergessen
Wie würzig
Ein blühender Baum duftet

UNAUFHALTSAM

Die Zeit
Sie mag nie warten
Nur ein Hauch von Poesie
Bleibt stets
Von ihr zurück
Manchmal
Möchte ich sie
Einfach festhalten
Doch
Sie reißt sich los
Enttäuscht
Winke ich ihr nach
Noch während ich mich
Von ihr verabschiede
Läuft sie
Mit Übermut davon

TAG UND NACHT

Die Nacht
Hat heute
Den schönen Tag verdrängt
Doch
Die Nacht
Wird dafür
Am nächsten Morgen
In das tiefe
Sonnenmeer versenkt

SO DURCHSCHAUBAR

Über Brücken gehen
Bis auf den Grund
Des glasklaren
Wassers schauen

So durchschaubar
Müßte
Das Leben sich offenbaren
Bevor
Man anfängt
Das Leben zu leben

MÜHSAM IST DER WEG

Im Dickicht
Der Gefühle
Findet man sehr mühsam
Den richtigen Weg
Eine kleine Lichtung
Und
Man hat wieder
Den klaren Durchblick

IM SCHATTEN DER NACHT

Die Hoffnung
Trägt
Den neuen Morgen
Die Tränen
Der Nacht
Fließen
In den Fluß des Vergessens
Der neue Tag
Hat viele Stunden
Bis zur Nacht
Wird alles gut sein

GEH` DOCH
DEN ANDEREN WEG

Man geht
Auf engem Pfade
Trotzdem
Alle Wege offen sind
Sehr bequem
Geht es sich
Zu zweit
Man kann sich
Aneinander festhalten

DOCH MAN MUß

Die Realität
Nimmt uns oft
Den Zauber des Lebens
Man schließt die Augen
Doch man muß sie
Ja wieder öffnen
Und der Realität
Ins Auge sehen
Manchmal
Möchte man auch
In eine andere Welt fliehen

DAS FLIEßENDE LEBEN

Der Fluß des Lebens
Birgt allerlei Geröll
Manches
Schwimmt an der Oberfläche
Manches
Bleibt für immer
Auf dem Grund verborgen
Manchmal
Tritt der Lebensfluß
Auch über die Ufer

PHANTASIEN
IM DICHTEN NEBEL

Nebelschwaden
Schleichen um mich
Treiben
Ihr Narrenspiel mit mir
Zürnen mir
Mein unbeschwertes Lachen
Schwerfällig
Umgarnen sie mein Gesicht
Doch mein Blick
Durchbohrt ihre Milchgesichter
Mir stiehlt niemand
Meine gute Laune

EHRLICHKEIT
DIE ICH MIR GESTATTE

Ich wünsche
Den Menschen
Die ich kenne

Alle Segnungen des Lebens

Doch
An Manche
Möchte ich mich
Nie mehr erinnern

Und
Manchen von ihnen
Möchte ich
Nie mehr begegnen

MANCHMAL

Manchmal
Vergesse ich zu lachen
Manchmal
Weine ich ohne Tränen
Doch manchmal
Lache ich
Mit Tränen in den Augen

MEINE SPÄTEN JAHRE

Ich bin nicht jung
Ich bin nicht schlank
Ich bin nicht schön

Doch
Stolz bin ich auf mich

Auch
Ich war jung
Auch
Ich war schlank
Auch
Ich war schön
Doch
Glücklicher war ich nicht

GEFÜHLT

Ich träume
Von Vollkommenheit
Doch
Ich fürchte mich
Auch vor ihr
So wie ich jetzt bin
Fühle ich mich wohl

Liebe und Haß
Zwei Leidenschaften
Beide
Sind unberechenbar
Nur die Vernunft
Hat sie voll im Griff

Die Töne
Einer Panflöte
Schwingen mich
Hinauf
Auf den Gipfel der Phantasie
Tränen werden zu Perlen

EINE INNERE SEHNSUCHT

Majestätische Vögel
Erheben sich zum Flug
Sehnsüchtig
Schaue ich ihnen nach
Kraniche
Die mit jedem Flügelschlag
Meine Sehnsucht
Größer werden lassen
Einmal nur
Fliegen können

WOHIN
WILL ICH EIGENTLICH

Ich sitze
In dem Zug
Der mich in die Stadt
Meiner Träume fährt
Bin ich angekommen
Wäre ich lieber
Im Zug nach Nirgendwo

UNBEKANNTE WEGE

Habe genug gesponnen
Fäden
Aus gedachten Illusionen
Werde jetzt daraus
Einen seidenen Mantel weben
Den werde ich tragen
Sobald ich anfange zu träumen

DER SPOTT
DER MIR NICHTS AUSMACHT

Meinen Verstand
gebrauche ich
Wenn mein Bauch
Nicht weiter weiß
Auf mein Gefühl
Kann ich mich
Fast immer verlassen
Nur du
Verläßt dich lieber
Auf deinen klugen Kopf
Oft
Lächelst du tiefgründig
Und nennst mich
„Mein kleiner Bauchredner"

TRÄUMEREIEN

Ich träumte
Ich sei wach
Ich war wach
Und träumte
Ein Meer voller Träume
Für jeden Tag
Einen neuen Traum

SCHÖN IST DAS LEBEN

Ich liebe das Leben
Ein Glücksgefühl
Läßt mich
In den Himmel sehen

Mit Flügeln
Kehre ich zurück
Und fliege
Von Mensch zu Mensch

MIR BLEIBT
NICHTS VERBORGEN

Dort
Wo der Wind
Sein Lied
Von der Einsamkeit singt
Dort
Vermute ich dich

Die Nacht legt ihren
Schützenden Arm um dich
Morgen
Wird alles gut sein

ICH WILL TANZEN

Ich will tanzen
Tanzen tanzen
Ich will tanzen
Eine lange Nacht
Ich will lachen
Singen tanzen
All' das tun
Was mir nur Freude macht
Und ich spiele
Mit dem Feuer
Und ich spiel' total verrückt
Und ich schaue zu rüber
Und ich spür' nur
Glück nur Glück
Und dann tanze ich
Und dann tanze ich
Bis meine Schuhe
Sind zertanzt

ICH TRAF DICH

Ich traf dich
Und alles war gut
Und die Angst
Versank in der Flut
Und mein Herz
Pochte heftig und schnell
Und am Himmel wurde es hell

Alle Wünsche
Erfülle ich dir
Habe Mut
Und vertraue mir
Alle Liebe
Der großen Welt
Schillert bunt
Wie ein Zirkuszelt

Schließ` die Augen
Und träume mit mir
Und ich reich´ dir
Zum Träumen die Hand
Ich entführ´ dich
Ins Zauberland

Du bestimmst
Wie das Leben klingt
Hältst dich fest
Daß du nie versinkst
Fliegst mit Flügeln
Die den Himmel berühr´n
Um das Glück
Auf deiner Haut zu spür´n
Hältst dich fest
Daß du nie versinkst
Wir sind
Für einander bestimmt

ICH MÖCHTE FLIEGEN

Ich säße gern
In einer Schaukel
Und du
Müßtest mir Schwung geben
Bis ich mich
Aus der Schaukel löse
Und fliegen könnte

Aber wohin

ICH LIEBE DIE NACHT

Die Nacht
Ein dunkles Meer der Stille
Sie beruhigt
Mir meine Sinne
Sie führt mich
In die Zauberwelt
Des Traumes

ICH HABE ES BEMERKT

Ist es denn wahr
Daß du mich magst
Kann ich dir glauben
Was du mir so sagst
Noch ganz zart
Ist dieses Gefühl
Aber dein Blick
Er verrät mir soviel
Wohin führt der Weg
Wohin führt uns der Weg
Ich geh´ mit dir
Bis an´s Ende der Welt

DAS WÄRE SCHÖN

So hoch
Wie ein Vogel fliegt
So weit
Wie ein Pferd galoppiert
So schnell
Will ich bei dir sein
Um in deine Arme zu sinken
Um im Glück zu ertrinken

ICH FREUE MICH

Wenn der Sturm
Sich gebärdet
Als mache er
Seinem Zorn Luft
Dann
Werde ich
Immer leiser
Und freue mich
Daß alles
Um mich herum
So friedlich ist

ICH BLEIBE JA

Willst du
Wirklich wissen
Was ich denke
Ach laß´ mir doch
Meine kleinen Geheimnisse
Ich bleibe ja bei dir
Wie im Glas die kleinen Risse

GEFÜHLE

47

Wie oft
Meinen wir
Man hätte
Die große Liebe gefunden
Aber wie wenig
Kennen wir
Unsere wahren Gefühle
Sie suchen oft weiter
Nach der ganz großen Liebe

UNHEIMLICH SCHÖN

Vertrautheit spüren
Und das Leben
Fühlt sich an
Als würde sich
Der Himmel auftun

DU UND DER NEUE TAG

Wenn ich morgens
Die Augen aufmache
Sehe ich
In deine Augen
Und freue mich
Daß es dich gibt
Ich öffne das Fenster
Lasse
Den neuen Tag herein
Wenn dann noch
Die Sonne scheint
Werde ich fast übermütig
„Ob ich mich wohl morgen
Auch so freuen kann"

UNSER TAG IM OKTOBER

Beschwingt
Und voller Erwartung
Gehen wir
Auf unseren Tag zu
Im goldenen Oktober

So reif
Wie der dunkle Rebensaft
So ausgereift
Ist unsere Liebe
In all den Jahren
Hat sie
Ihren Zauber nicht verloren

SING EIN LIED
AUF DIE LIEBE

Frei sein
Für die Liebe
Frei sein
Nur für dich
Endlich
Hat das Glück einen Namen
Ich
Hab' gewartet auf dich
Auch
Wenn wir uns
Niemals sahen
Ich hab' dich
Schon immer geliebt

Schöne Stunden der Liebe
Sind der Zauber des Lebens
Halt das Glück
Fest in deiner Hand
Leg' um dein Herz
Ein goldenes Band
Sing' ein Lied auf die Liebe

SCHÖNE GEDANKEN

Die lodernden Flammen
Der Liebe
Lassen das Herz brennen
Möge
Dieses Feuer
Nie gelöscht werden

Wie hoch
Ist der Himmel
Wie tief ist das Meer
Wie groß
Ist deine Liebe
Ich liebe dich sehr

Tanzende Zweige
Lachende Augen
Vertrautes Berühren
Erfüllte Wünsche
Die in den Himmel führen

MEINE FRAU

Du kommst
Den Weg entlang
Du bewegst dich
So sanft
Wie das wogende Kornfeld

Dein langes offenes Haar
Hat die Farbe
Des reifen Weizens

Deine Augen
Strahlen so blau
Wie die Kornblumen
Zwischen den Halmen
Dein Mund
Ist so rot
Wie der flammende Mohn

Und du singst
So jubilierend wie die Lerche
Die sich über dir
In die Lüfte schwingt

Schön bist du
Wunderschön
Und
Du bist meine Frau

EINFACH SO GEDACHT

Kleines Herz
Mit großen Wünschen
Aus klarem Glas
Anfällig gegen Schmerz
Sehnt sich
Nach vertrauten Zärtlichkeiten

Geht es dir auch so

DU

Dein Bild
Steht auf
Meiner Kommode
Dein Brief
Liegt auf meinem Tisch
Ich lese ihn
Schon seit Tagen
Bis nachts meine
Kleine Lampe verlischt
Ich genieße
Jede Zeile
Doch
Am liebsten
Lese ich den Schluß
Du hast ihn
Mit rosaroter
Tinte geschrieben

Ich liebe dich so sehr
Und grüße dich
Mit einem langen Kuß

DU MEIN ENGEL

Wenn der Himmel weint
Sind alle Engel traurig

Wenn du mein Engel weinst
Werde ich ganz traurig

DEIN LETZTER BRIEF

Ein verregneter Sonntag
Für mich ein Glückstag
Ich sehe
Durch die dicken Wolken
Und ich
Sehe dich
Ich lese
Deinen letzten Brief
Und der Regen
Wäscht
Alle Zweifel weg
Du hast
Mich immer geliebt

WÄRME

Die Sonne
Wärmt die Erde
Mit all ihrer Kraft
Du wärmst mich
Mit deiner Nähe
Mit deinen Worten
Mit deinen Blicken
Dafür
Liebe ich dich
Mit all meiner Kraft

SO IST DAS LEBEN

Wir trafen uns
Auf der Bühne des Lebens
Jeder
Spielte seine Rolle gut
Doch
Es war ja
Alles vergebens
Uns fehlte
Ganz einfach der Mut
Der Wind
Trägt mich
Auf seinen starken Armen
Die Sonne
Trocknet alle Tränen mir
Der Himmel
Hat mit uns Erbarmen
Doch ich
Ich sehne mich nach dir

SEHNSUCHT

Auf einer Blumenwiese
Auf einer weißen Bank
Dort saß und wartet Lara
Einen ganzen Sommer lang
Sie sang ein Lied von Sehnsucht
Sie sang ein Lied vom Glück
O Sommerwind O Sommerwind
Bring´ mir mein Glück zurück

Sie schaute in die Wolken
Zog in Gedanken mit
Die Augen voller Tränen
Ihr Herz unsagbar litt
Sie wartet voller Sehnsucht
Sie wartet auf das Glück
O Sommerwind O Sommerwind
Bring´ mir mein Glück zurück

Ein Jahr war nun vorüber
Die Nachtigall sie sang
Auch Blumen blühten wieder
Lara saß auf ihrer Bank
Im Arm die große Liebe
Die Augen voller Glück
O Sommerwind O Sommerwind
Das Glück es kam zurück

HERBSTGEDANKEN

Schwer atmet der Wind
Ich stehe abseits
Die welken Blätter
Fallen müde
Auf die letzten Rosen
Am Apfelbaum
Hängt noch
Ein einziger Apfel
Ich sehe dich
Am offenen Fenster
Du lächelst mir zu
Ein Lächeln
Das ich
Nie vergessen werde

MORGEN

Wenn du schläfst
Höre ich gerne zu
Wie du atmest
Dann
Fühle ich mich geborgen
Denke über uns nach
Und
Freue mich schon auf morgen

MEIN GLÜCKSTAG

Die Sonne
Trägt ihr Abendkleid
Aus purpurroter Seide

Ich stehe am Fenster
Sehnsuchtsvoll
Warte ich
Auf den morgigen Tag

Neben mir
Ein Korb voller Blumen
In mir
Ein Herz voller Liebe

Morgen ja morgen
Wird es gescheh'n
Ich werde deine Frau

Am Spiegel hängt
Ein wunderschönes Kleid

Mein Brautkleid

Aus weißer Seide
Bestickt
Mit kleinen Perlmuttsteinen

Morgen ja morgen

Vor Glück
Werde ich weinen

MEIN ZUHAUSE

Ich lausche
Deinen Worten
Du gibst mir
Soviel Geborgenheit
Ich war schon
An vielen Orten
Doch
Hier bei dir
Ist meine Zeit
Mein Kopf ist frei
Frei von Nebensächlichkeit
Ich hab´ es gut
Noch mehr
Wäre zuviel Geborgenheit

KOMM

Ich möchte
Mit dir gehen
Wohin
Das überlaß ich Dir
Ich möchte
Mit dir gehen
Sag gehst du
Auch mit mir
An deiner Seite
Herz an Herz
Dich betrachten
Schon am morgen
Dein Atmen hören
In der Nacht
Ob wir uns wohl
Verstehen werden
Viel hab´ich
Darüber nachgedacht
Komm
Laß uns beide gehen

EINFACH WUNDERBAR

Schön
Daß du vorbei kommst
Dein Lachen
Ist ansteckend
In deinen Augen
Kann ich versinken
Und dein Mund
Kommt mir verlockend nah

SO IST ES NUN MAL

Zuerst
Habe ich viel gelacht
Später konnte ich
Nur noch
Über Deine Späße weinen

Wenn der Wind
Durch deine Haare weht
Kann man
Auf den Grund
Deiner Kopfhaut sehen
Grund genug
Dir mal anständig
Den Kopf zu waschen

SO GUT KENNE ICH DICH

Ich kann
In deinen Augen lesen
Wie in einem Buch
Ich erblicke sofort
Die Tränen
Zwischen deinen Wimpern
Und bin erleichtert
Wenn deine Augen
Vor Lebensfreude sprühen

NUR NICHT REDEN

Deine Seele baumelt
Stille ist eingekehrt
Du möchtest nicht reden
Über Nichts
Du schaust
Den Wolken nach
Sie lösen sich auf
Versinken ins Nichts
Du versinkst in Gedanken

DU DARFST

Erlaube dir
Zu weinen
Verbiete dir nicht
Dich zu freuen
Du hast es verdient
Es ist Zeit
Daß du nur
An dich denkst

DEIN GESICHT

Spuren des Lebens
Sehe ich schon
In deinem Gesicht
Doch Kummerfalten
Bemerke ich nicht

WENN DU TRÄUMST

Jeden Morgen
Erzählst du mir
Deinen Traum
Ich vermisse
Daß ich nie
Darin vorkomme
So könnten wir doch
Auch im Traum
Zusammen sein

DU HAST ES GEFUNDEN

Die Wahrsagerin
Las dir aus der Hand
Du würdest
Das Glück finden
Ich lese
In deinen Augen
Du hast
Dein Glück gefunden

DU MUSST VERGESSEN

Träume Mädchen
Vergiß die Realität
Lasse dich fallen
Wie eine Sternschnuppe
Vergiß
So wie der Staub verweht

FÜR DICH GEDACHT

Schau´
Dort die Blume
Sie steht im Schatten
Und blüht so wunderschön

Ich sehe
In dein Gesicht
Du stehst
Auf der Sonnenseite
Des Lebens
Und läßt
Den Kopf hängen

WENN DIE LIEBE
VORBEI IST

Verzehre
Dich nicht in Haß
Weine deine Tränen
Aber
Laß dein Gesicht
So schön bleiben

Deine Augen
Werden wieder strahlen
Und einer wird sich
Nach dir sehnen

ES IST GANZ EINFACH

Vertreibe dir
Die Zeit
Mit Frohsinn und Lachen
Vertreibe damit
Deine Traurigkeit
Beruhige deine Seele
Und
Verspreche ihr Heilung

EINFACH SCHÖN

Ergeben
Lausche ich
Dem Rauschen der Wellen
Auf einer Welle
Reite ich
Über die Meere der Welt
Und begegne der Hoffnung

ÜBER MIR DER HIMMEL

Silbernes Licht
Über Seen und Wälder
Ich spür´
Das Glück in mir
Gedanken berühren
Das Grün der Felder
Den Sinn des Lebens
Finde ich hier

Mit goldenen Flügeln
Haucht der Abend
Den Atem des Friedens
In die Welt

AUF EWIG

In Gestalt
Eines Schmetterlings
Fliegt die Liebe
In das Herz der Welt
Dort
Müßte sie verweilen
Bis zum Ende
Ihrer Tage

NACHTGEDANKEN

Wie ein Hauch
Spürst du die Nacht
Versinkst in Melancholie
Blickst
Zu den Sternen
Siehst den Himmel
Mit all seiner Macht
Schickst deinen Geist
In den Strom
Der Unendlichkeit
Glocken der Sehnsucht
Läuten sacht
Ihr Klang
Erreicht die Ewigkeit

SO SCHÖN
KANN LIEBE SEIN

Wir beide haben Glück
Denn
Wir haben uns
Wir sind
Schon ein bißchen verrückt
Aber
Das macht uns
So sympathisch

WAGE ES DOCH

Man geht
Auf engem Pfade
Obwohl
Alle Wege offen sind
Sehr bequem
Geht es sich
Zu zweit
Man kann sich
Aneinander festhalten

ICH GEHE

*Ich gehe
Und du bleibst allein zurück
Tränen
Verschleiern meinen Blick
Noch einmal
Streiche ich dir übers Haar
Und sage dir
O du bist wunderbar
Noch einmal
Schaue ich auf deine Hände
Und spüre
Noch deine Zärtlichkeit
Noch einmal
Sehe ich in deine Augen
Sie sind so voller Traurigkeit
Noch einmal
Drehe ich mich um
Dann gehe ich
Und bleibe stumm*

LICHT UND SCHATTEN

Schau`
Dort die Blume
Sie steht im Schatten
Und blüht
So wunderschön
Ich sehe in dein Gesicht
Du stehst
Auf der Sonnenseite des Lebens
Und läßt
Den Kopf hängen

WINDGEFLÜSTER

Wohin
Weht der Wind
Den Atem des Waldes
Er weht ihn
Hinaus in die Welt
Der Wind
Weht auch gute Gedanken
Bis hinauf zum Himmelszelt

TRAURIGKEIT MACHT EINEN SINN

Vielleicht
Blüht irgendwo
Eine Blume
Atmet man ihren Duft ein
Wird man
Nie mehr traurig sein
Vielleicht
Muß man aber auch
Manchmal traurig sein
Um das Glücklichsein
Wahrzunehmen

EINES TAGES

Ruhe dich aus
Begebe dich
In das Labyrinth
Der Hoffnung
Eines Tages
Kommst du nach Haus
Friede
Ist dann die Belohnung

BUNTE TRÄUME

Schnee
Fällt auf grüne Bäume
Freude
Fällt in dein Herz
Wand'le durch bunte Träume
Begreife
Das Leben als Scherz

DANKE

Alle Engel preisen
Diese wunderbare Welt
Sag´ dem Himmel
Tausend Dank
Daß er unsere Erde hält
Sag´ dem Himmel
Tausend Dank
Daß er unsere Erde hält
Danke
Dankeschön

DIE FRÜHLINGSMELODIE

Der Frühling trägt
Rosa Blüten im Haar
Und färbt
Alle Blätter grün
Er wartete
Darauf ein ganzes Jahr
Um seine Farben
Zu versprüh'n
Der Bach er plätschert
Ein fröhliches Lied
Der Wind pfeift
Sanft seine Melodie
Und Vögel
Jubilieren im Chor
Und du flüsterst
Mir etwas
Von Liebe ins Ohr
Hurra
Ich glaube
Der Frühling ist da

SOMMERDÜFTE

Blumen ranken
In bunten Farben
Üppig
An meinem Gartenzaun
Der Wind
Trägt ihren Duft
Bis in meinen kleinen Raum
Die Augen ich schließe
Ich genieße
Es ist Sommer
Die Kirschen reifen am Baum

DIE KASTANIENALLEE

Ein Weg
Der nicht enden will
Umsäumt
Von dunkelgrünen Blättern
Mit weißen Blüten
Die wie Kerzen strahlen
Bäume
Die in den Himmel
Wachsen wollen
Majestätisch
Nicken ihre Wipfel
Der Wind spielt
Mit ihren Ästen
Es klingt wie Harfenmusik
Ich höre ihnen zu
Sie singen vom Glück

ES REGNET

Sanft
Streichelt der Regen
Die Blätter der Bäume
Im Regenkübel
Plätschert jeder Tropfen
Eine Sommermelodie
Die Blumen laben sich
Ihr Durst
Wird endlich gestillt
Würzig duftet die Luft
Aus dem warmen Nest
Ungeduldig
Ein Finkenmännchen ruft

ALLE WEGE
SIND ZUGEDECKT

Der Herbst
Hat die bemalten Blätter
Dem Wind überlassen
Er tobte mit ihnen
Wirbelte und wehte
Sie willenlos
Unter Hecken und Sträucher
Er deckte
Alle Wege zu
Er bereitete
Den kleinen und großen Tieren
Ein weiches warmes
Und gemütliches Winterquartier
Ein beglückendes Gefühl
Und
Was tun wir

WEIHNACHTEN

Weihnachten
Ein Symbol des Friedens
Alle Menschen erwarten
Freude
Geborgenheit
Und ein Licht des Hoffens
Die Straßen
Im weihnachtlichen Glanz
Die Taschen
Voller üppiger Gaben
In einer dunklen Ecke
Ein Mensch
Kauernd auf der eisigen Erde
Christi Geburt
Ein Baum wird gefällt
Das Fest uns erhellt

DER ABSCHIED FÄLLT
MIR SO SCHWER

Du bist
So schnell vergangen
Du gutes altes Jahr
Einfach so
Bist du gegangen
Nicht einmal
Adieu hast du zu mir gesagt
Traurig sitze ich hier
Ich denke gerne an die Zeit
Vor allen Dingen
Träume ich von
Der schönen Vergangenheit

Danken
Möchte ich dir
Diese Zeilen
Schreibe ich für dich
Nur für dich

DAS NEUE JAHRTAUSEND

Willkommen
Du neues Jahr
Willkommen
Du junges Jahr
Herzlich
Seiest du begrüßt
Zärtlich
Seiest du umarmt
Du neues Jahrtausend
Wir sind bereit
Wir hoffen auf dich
Erwarten mit dir
Eine gute Zeit
Haleluja haleluja
Willkommen du junges
Du neues Jahr

IMMER IST KRIEG
AUF DER WELT

Welcher Weg
Führt zum Frieden

Der Weg
Durch den Krieg
Durch Blut und Tränen

Der Racheengel
Hält schon
Das Schwert in der Hand

Der Friedensengel
Hat längst schon
Seine Flügel verloren

INSPIRATION

Schon wieder
Hat mich
Die Muse geküßt
Mit feuchten Lippen
Berührte sie meine Stirn

Sie führt meine Hand

Die Feder gleitet beschwingt
Über weiße Seiten

Die Seele badet
Im Wasser des Lebens

UND DU SINGST

Du stehst an der Straße
Verzweiflung
Hat dein Gesicht gezeichnet
In deiner Hand
Hältst du zitternd
Das Blatt der Obdachlosen
Du hast noch
Viele Blätter in der Hand
Und du hoffst
Auch auf Almosen

Und du singst
Ganz leise
Aber ich
Ich habe es gehört
Und ich
Ich würde
Gerne mit dir singen
Und dir vielleicht
Ein bißchen Hoffnung bringen

SCHWER ZU VERSTEHEN

Im warmen Zimmer
Den Blick
Hinter dem Horizont
Die Gedanken unsortiert
Gerade jetzt
Ansätze zum Begreifen
Ich gehe
In die kalte Nacht
Begegne Jemandem
Der auch die Welt
Nicht begreift
Doch wir gehen
In verschiedene Richtungen

EIN HILFERUF

Kulturen
Welten
Von einander getrennt
Schleppend der Weg
Zum geistigen Verstehen
Und doch
Unter dem gleichen
Himmel lebend
Alle mit sehenden Augen
O mein Gott
Kannst du nicht vermitteln

MUSIK ERFÜLLT
DEN RAUM

Auf deinem bleichen Gesicht
Liegt ein Lächeln
Dein roter Mund
Singt ein Lied
Voller Wehmut
Augen so braun wie Kastanien
Strahlen in feuriger Glut

Spiel mir das Lied
Das so gerne ich höre
Ich singe mit
Auch falsche Töne
Die mich gar nicht stören
Wie schön klingt die Musik
Die lieblich zarten Töne
Erfüllen jeden Raum
Sie läßt der Seele
Flügel wachsen
Die Hülle spürt man kaum

TRAUERARBEIT

Eingebunden
In den Schoß der Erde
Erlebe das Sterben
Lasse den Regen
Dein Gesicht erfrischen
Lasse den Wind
Alle Spuren
Deiner Trauer verwehen
Lasse die Sonne
Dein Herz erwärmen

UNVORSTELLBAR

Stell' dir vor
Die Sonne
Würde nicht mehr scheinen
Stell' dir vor
Und Kinder
Würden nur noch weinen
Stell' dir vor
Die Erde wäre oed' und leer
Stell' dir vor
Es gäbe gar kein Leben mehr

Nein
Das stell' ich mir nicht vor
Jeden Morgen freu' ich mich
Daß am Himmel
Brennt das Licht

Daß ich höre Kinderlachen
Daß noch alle Blumen blüh'n
Vögel zum Gesang erwachen
Und die Berge glüh'n
Jeden Morgen freu' ich mich
Daß am Himmel
Brennt das Licht

REICHT EUCH DIE HÄNDE

Ein Traum
Von einer heilen Welt
Ein Traum
Von Menschen die sich mögen
Frieden
Unter unserem Himmelszelt
Reicht euch die Hände
Was spricht dagegen
Glaube
Liebe
Hoffnung und Vertrauen
Laßt uns Laßt uns
Neue Brücken bauen

LAß MICH

Laß mir
Meine Traurigkeit
Bedränge mich nicht
Eines Tages
Sieht meine Seele
Von allein das helle Licht
Umgeben
Von schützenden Wänden
Alles überschaubar
Mit der Angst geborgen
In vertrauten Räumen
Meine Seele braucht noch
Meine tastenden Hände
Laß mich
Bedränge mich nicht
Deine Ungeduld
Macht mir Angst
Und Angst habe ich schon

MANCHMAL BLEIBT NICHTS

Über den Tod hinaus
Wirft
Mancher Mensch
Noch lange Schatten
Man sollte
Allen materiellen
Nachlaß verbrennen
Um in der Asche
Nach dem klugen menschlich
Gesprochenen Wort zu suchen
Um sich
Freundlich zu erinnern

WIR FINDEN KEINEN WEG

Oft stehen wir
Wie angewurzelt
Und wir
Finden keinen Weg
Menschen
Um Verzeihung zu bitten
Daß wir
Ihren Hunger ignorieren

Ihren Hunger
Nach Liebe
Und
Ihren Hunger
Nach einem Stück Brot

DAS POESIEALBUM
MEINER GROßMUTTER

Ich habe
Ein altes Buch
In der Hand
Ein Poesiealbum
Ich lese Verse
In steiler Schrift
Die Vergangenheit
Rückt in die Gegenwart

Ich blättere leise um
Ich sehe
Die Menschen vor mir
Die sich
Auf dünnen Seiten
Verewigt haben
Die in vielen guten Worten
Liebe Wünsche sagen
Lang´ lang´ ist es her
Es gibt
Diese Menschen nicht mehr

Sie schlafen lange schon
Unter grünem Rasen
Auf vergilbten Blättern
Haben sie
Ihre Spuren gelassen

FÜR DICH

Ich sah dich oft
Die Hände falten
Sie lagen still
In deinem Schoß

Sie ruhten nur
Wenn
Du mit Gott sprachst

Sie sprachen
Ihre eigene Sprache
Gezeichnet
Von der schweren Arbeit

Doch du
Bist nie verzagt

DER STRAßENMUSIKANT

Ich gehe ziellos
Durch die Straßen
Menschen
Begegnen sich
Sie schau´n sich
Fragend in die Augen
Doch lächeln
Tun sie nicht

Ich gehe ziellos
Durch die Straßen
Dort
Sitzt ein Bettler
Mit seinem Hund
In seiner Hand
Liegen ein paar Münzen
Ein leises Zittern
Um seinen Mund

Ein Musikant
Er spielt ganz leise
Die Geige weint
Er senkt den Blick
Seine Gedanken geh´n
Auf die Reise
Wo bleibt das Glück
Wo bleibt das Glück

AN UNS ALLE

Jetzt erst recht
Laßt uns
Miteinander lachen

Jetzt erst recht
Laßt uns
Die Zukunft
Mutig erwarten

Jetzt erst recht
Laßt uns
Die Angst besiegen

Jetzt erst recht
Laßt uns
Das Leben leben

DIE GEDICHTE IM ÜBERBLICK

Der 1. Gedichtband
von Käte Micka
„Erlebte Gefühle"
ISBN 3 – 8311- 0307- 0